U0010664

約會
絕不能
做的傻事
清單

約會
絕不能做的
傻事清單

不只是約會失敗事件簿，
更是啟發自信、動力與愛的最佳約會攻略

But like maybe don't？：What Not to Do When Dating

亞麗安娜·馬格利斯　著
（Arianna Margulis）

李姿瑩　譯

晨星出版

謹以本書，獻給我所有的

「前男友」。

希望你們發現我變成知名作家以後，
都很後悔。

前言

你有沒有曾經在自己失戀心碎後，抬頭望著天，想著：「**我到底是有什麼毛病?!**」

也許次數多到數也數不清？因為，我也有啊！（大笑）

讓我開門見山地先說，你什麼毛病都沒有。你是一隻獨一無二的獨角獸，血液中流著閃耀光芒，但你有可能犯了一些錯，就跟我一樣。

我叫亞麗安娜・馬格利斯，過去曾經不斷地戀愛再分手，但現在的我已經改變了。從高中開始，一直到我三十幾歲，曾有過無數的「戀愛」經驗，每一段「感情」都撐不到三個月，平均大概都只維持約三周左右。

我的朋友常開玩笑地說，曼哈頓的每個男人都曾經跟我約會過，而我都會溫溫地回他們：「不只啦，還要加上布魯克林大部分的男人。」我為什麼**永遠**沒辦法交到真正的男友？我每次都很

快就愛上對方，要找到喜歡的男人一點都不難，難的是跟他們維繫長久的感情，我一直都搞不懂到底為什麼。

但，儘管如此，我還是抱持著希望。我總是想，**下一個男人可能就是我未來的老公！**

我從小在密西根的一個小鎮長大，所以一直認為男女關係就該是這樣，你會在大學遇到某個對象，兩人結婚、生子。那為什麼我花了那麼久的時間，就是沒辦法找到那個人呢？

現在，我終於真正地陷入愛河（而且對方也愛我），這促使我思考*這次有哪裡不同？*我意識到不同的是我自己。回頭想想，我真的相信，過去的我身上散發著濃濃的不安全感與不顧一切的氣息。我一直幫自己洗腦，相信必須要遵照某個莫名的時間表，而且動不動就要拿自己的戀愛關係跟其他人的經驗相比較。

我太過執著於戀愛的想法，也太過執著地認為如果要快樂，就一定要先找到某個男人。我過去一直認為，*只要找到男友，就會真的快樂，*我的生命就會圓滿無缺。我滿腦子都只想著要找到某個對象，而忽略了其他一切，特別是忽略了自己。我得承認，自己沒有什麼偉大的人生志向、夢想或願景，只想著要找到那個

「他」。只忙著要找到某個人來愛，卻沒有花心思來發掘自己或愛自己。

讓我帶你回到推進我終於有所突破的幾個重要時刻。

（天馬行空的音樂，請下……）

紐約市，五月底的某一天，天氣晴朗。更明確地說，那一天是陣亡將士紀念日之後的星期二。我為什麼會記得這麼清楚？嗯，因為當時的我才剛跟當時的「男友」共度了一個夢幻般的周末。我們就姑且叫他……庫柏吧，這當然不是他的真名。

庫柏的家人住在緬因州某個宜人又美麗的小鎮，街上的小店看起來都很像英國的鄉村小屋，鎮上每個人都認識彼此。我們兩個當時才剛交往兩個月，但發展的速度很快。我過去可從來沒有見過對方的家長，在我回到紐約的時候，還覺得自己猶如在夢中，因為聽說他的媽媽、爸爸、親戚，大家都很喜歡我！

庫柏當天下午傳了一封簡訊給我，叫我到他位於第五大道的辦公室外跟他碰面，一起到中央公園散散步，喔，我欣喜若狂，這實在太完美了！

我們牽著手散步，但沒走多遠，他就說要找張公園裡的長凳坐下來，坐下來之後，他把手放在我的大腿上，看著我。他是不是正打算要跟我說他愛我？是這樣嗎？我是不是終於要聽到那幾個字了？

他開口了：「我只是想跟妳說，妳是個很棒的女孩，但是⋯⋯」

又來了。我的心情當下變得沉重，過去已經聽過同樣的話好幾百遍，所以知道他接下來要說什麼。他不是要跟我告白，這是很經典的甩人劇碼。

他接著說，他現在跟之前很不一樣，現在的他必須要專注在工作上，而我打亂了他冥想的時間表。這句話讓我好氣又好笑。我重覆一次，*我打亂了他冥想的時間表*。我把他放在我大腿上的手抓開，告訴他，這輩子都不想再跟他說話。我後來也真的沒再跟他說話，直到大概一年多之後，我喝醉酒，在凌晨三點的夜店裡面對他大吼大叫，不過這個部分我們之後再說。我走回第五大道，大叫：「計程車！！！」揚長而去，讓他吃土吧！（我一直都很想這麼做）

我到現在還可以告訴你，當時的我們坐在哪張長凳上。

我一直講這個故事是因為這輩子第一次沒有因為被甩而自怨自艾。我笑了，而且還拿分手（喔，不對，好啦，是被甩）做為我的動力來源。我全心投入創作，開始用塗鴉的方式畫了一大堆很好笑的分手圖，也開始回想過去曾經發生過的戀愛與分手情節，過去承受的痛苦開始轉變成樂趣。我領悟了！

很諷刺的是，透過分享自己過去充滿不安全感與可怕的故事，我居然開始可以嘲笑自己，也開始享受這一路走來的歷程，以及我親過的所有青蛙，或者，應該說是所有從我身邊跳開的青蛙。我把自己的痛苦轉變為創作的能量，而發現自己重視創作更重於男友。我把自己的心碎化為藝術，創作出讓自己感到驕傲的東西，還可以跟全世界分享。我學會要先愛自己（「有點俗氣」），但我相信愛自己是愛別人的關鍵。

唉呀，我真的花了很久才終於體會到這一點。

等你繼續往下讀，就會發現我其實根本沒資格寫什麼約會指南。過去的我不管做什麼都沒用，也完全沒有什麼可以吸引異性的大絕招，更沒有什麼靈藥或咒語（如果有那該有多好），不過，我能分享的就是自己曾經犯的錯——過去那些讓我尷尬到不行，糗到爆炸的錯誤。我可以分享自己的故事，很多很多故事。**我不談你該做什麼，而是不該做什麼。**

我覺得這好像就是我領悟的地方，我們沒辦法釣上某個男人，也沒什麼訣竅。你只有你自己，也只能當自己。某個人會看到你過自己的生活，跟他或她或中性的自己說：「我想要成為他/她生活中的一部分。」我們做錯的地方就在於我們不相信這樣的事情會發生，所以就想方設法，試圖要讓這樣的事發生。談到要怎麼用表情符號、要怎麼已讀，你可是專家，你也很清楚要穿什麼上衣搭配那一色唇蜜。你假裝真的熱愛攀岩運動，即使你根本就有懼高症。這本書的目的就是要讓你冷靜一下。

　　性別的部分，我要補充一下。我是一位只跟男性交往的女性，所以分享的故事都是用這個觀點來談，但交往就是交往，愛就是愛，我想交往跟愛都是不分性別的共通經驗。不論你/妳是誰，愛什麼樣的人，這本書都很適合你/妳看。跟女孩交往的女孩也會有引人遐思，但卻慢慢淡出的情況，跟男孩交往的男孩有時候也會橫越整個國家，只為了給那個夏天認識的男孩一個驚喜（哈哈哈，我等一下再分享），當然還有很多其他的經驗。不要再追著對方跑，多多閱讀，開始愛自己。希望我犯的錯會讓你覺得很有趣，但同時也能讓你從我的錯誤中學習，也希望你大笑、覺得難堪的同時，想到自己的經驗。

同時，

我也希望你不要再犯相同的錯誤，
懂嗎？？？？？？？？？

我們就從頭開始講起吧！

當還是小孩的時候是這麼想的：

而當你長大一點的時候……

有多少讀者跟我一樣也做過這種事呢？

可憐的爸媽，我第十七次說這句話的時候，他們就已經學會不要再為我感到興奮。我們在年輕的時候都曾有過這樣的憧憬，但你也知道，大家都說，如果你預想太多會發生什麼事……。

你會讓自己還有……嗯……你自己悶到不行。

17歲的我：

我大概25歲之前就會結婚。

25歲的我：

哇哈哈哈哈

如果這樣的情景看起來有點熟悉，
糟糕！

你的期望可能要符合：

第1周：心情緊張

第2周：簡訊變少

第3周：他消失地無影無蹤

喔，好啦，我開玩笑的，但是有一點啦⋯⋯。

請仔細分析這張非常科學的圖表，盡可能爬到最頂端。不要妥協。

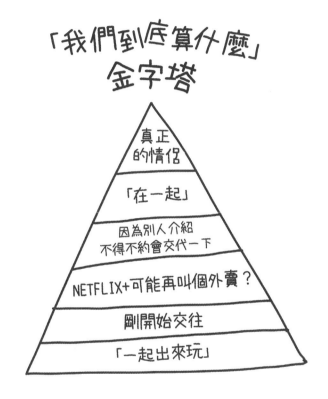

　　基本上，如果你不在最頂端就該逃了！「在一起」只是我們自己編造出來，讓自己心情比較好一點的假象。它不是真的。而如果你還必須要問「我們到底算什麼」──或甚至還得思考這個問題──你也該逃了。

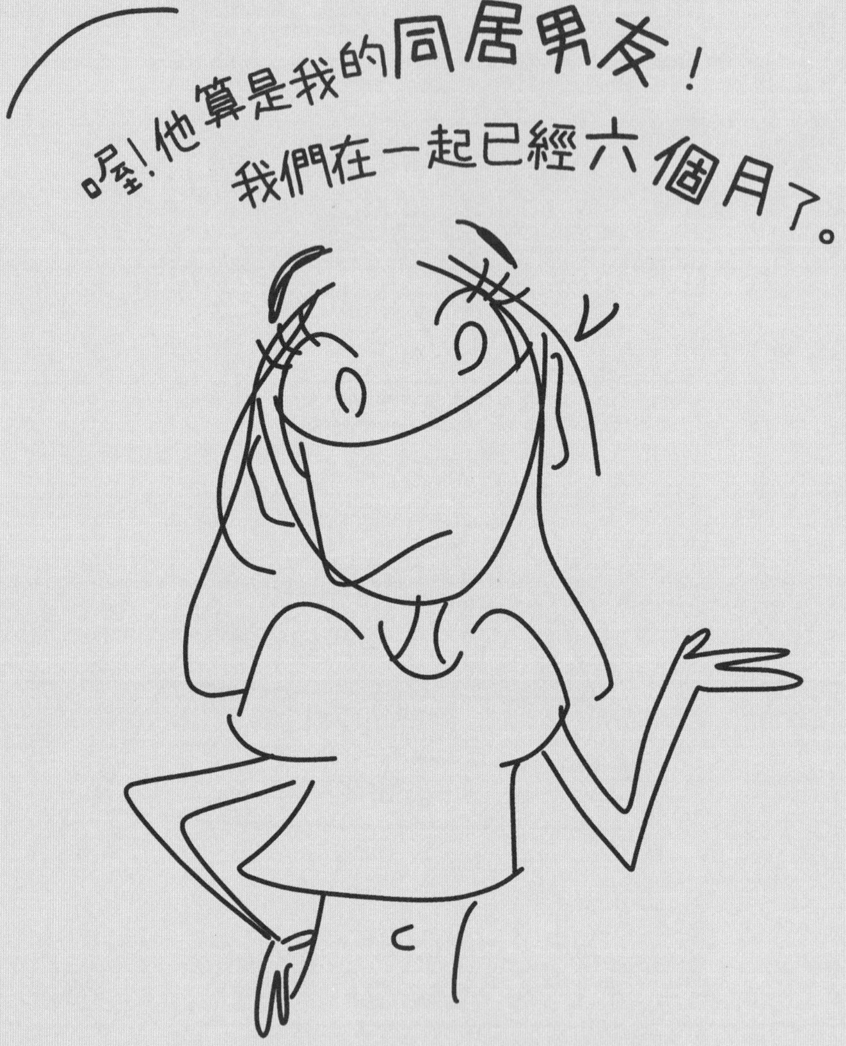
喔！他算是我的同居男友！
我們在一起已經六個月了。

你懂我的意思嗎？

好，太好了。現在準備好，因為接下來我要分享我過去待在
底端的種種經驗，並且說明要注意哪些千萬不要做的事。

「千萬不要」事項表

引誘他們上勾

沒用的啦

（相信我）

有時候，我們在遇到一個新的對象時，會有判斷錯誤的情況。讓我帶著你回到我的高中時期，跟我的第一次（老爸，不好意思啦！）。

這次的經驗可能是讓我後來
一錯再錯的主因。

高中時期的我才剛開始發現自己。我有點晚熟，在同儕中完全不是什麼「很酷」或「很受歡迎」的女孩，只是一個很平凡、很容易被大家忽略的人。

但情況終於有所轉變。我開始有一些值得驕傲的時刻，因為我改穿有襯墊的胸罩，而且在購物商場的霍利斯特（Hollister）服飾店找到工作，所以可以用折扣價買到很性感的衣服。我已經放棄在自己的學校找到男友，但我開始認識附近其他高中的朋友，他們完全不知道過去的我是什麼樣子，對他們來說，我是班

上最酷的女孩。

　　跟我們學校競爭的另一所高中有全州最棒的長曲棍球隊，也有非常帥的男生。在密西根州，周五晚上一定都要看長曲棍球隊比賽，而所有人的目光都集中在連恩身上，他已經拿到體育獎學金，明年要到東岸的一所大學打球。他很帥，開著跑車，身上飄著尚‧保羅‧高緹耶的古龍水香味，時至今日，如果有人擦這款古龍水經過我身旁，我都還是會停下腳步。他媽媽很辣、又很酷，而且他還有一大群愛熱鬧的朋友。他是掛著高露潔微笑的壞男孩，**我想要他。**

　　我透過朋友透露，讓他知道我對他很感興趣，也試著要成為穿著印有他球衣號碼的上衣、站在場邊為他加油打氣的女友。

　　有一天晚上，我朋友的爸媽出城去，所以我們就在她家辦了一個狂歡地下室高中派對。連恩跟我已經互傳了很多封簡訊，還跟朋友一起出門好幾次了，他帶我去看曲棍球賽（他有季票），一起到購物商場內共進晚餐，我們去的餐廳是亞歷山大（J. Alexander's），當時可是我們鎮上最夯的連鎖餐廳——非常引人注意。

　　派對開始前，他帶著幾個朋友出現，還帶了一瓶我喜歡的水果烈酒。我們閒聊，聊了長曲棍球、期末考跟舞會。我的夢想就要成真，我無法相信一位這麼受大家矚目的男孩居然會把注意力都放在我身上。我猜想，大家一定都很嫉妒我吧，他們會想，這個女孩是誰？我們整晚都在親熱，我朋友，也就是派對主辦人，

還跟我說當天晚上可以借用她的臥室。**我已經準備好要迎接自己的初夜。**

　　我還沒有性經驗，老實說，初夜的經驗有點怪，我其實不太知道自己在做什麼。我跟他說這是我的第一次，所以他試著讓我覺得比較舒服。我用了一些Bath & Body Works的乳液做為潤滑劑，裡面說不定有亮片。我們就做了。就這樣嗎？大家都一直講的性愛就是這樣嗎？我顯然沒有性高潮，但我假裝有，因為我聽說大家都會這樣。做完之後，我整晚都沒睡，他卻睡得很好，我在床上躺著，對我們兩個的進度跟未來的下一步感到雀躍。

　　天亮時，我的腦中出現白雪公主電影中的鳥叫聲。我記得，我一直等著他睜開眼睛，好像等了有一輩子那麼久，我還故意在被單下動來動去，想要吵醒他。我們做愛了，這就表示我們兩個真的是情侶了，對吧?!

　　但從他睜開眼的那一刻起，他就表現得很疏離，我想窩到他身邊，他卻只想離開，情況跟前一晚完全不同。我夢想中的舞會跟他的球衣開始崩解，我很害怕，我一定得設法讓這段關係更穩定，也要讓自己的地位更牢固。所以我跟他說要看他的手機，在找到自己的聯絡資料後，就把名字改成……

對，我把我的名字改成「公主」。

喔，等一下，不對，是：

～ *公主殿下* ～

我當天傳簡訊給他，問他想不想一起出來吃冰淇淋。情侶不都是這樣？你可以猜猜後來發生什麼事？他沒有回公主訊息、他沒有打電話、沒有來找我，也沒有再回我任何訊息。

我分享這個故事的時候，有些人會笑並試圖安慰我說：「嗯，他可能只是沒辦法在手機上找到你的聯絡方式。」

但我一點也不難找，不管是用他的手機，還是在現實生活中。我不斷傳簡訊給他，開車到他家附近，還在下課時間埋伏在他的學校附近。我甚至還說服朋友帶我去看曲棍球比賽，只是為了能遇到他。

如果我在街上看到跟他同款的車，我的心就會頓一下，而且還會跟蹤那台車，直到發現開那台黑色吉普車的人只是某個住在市郊的媽媽。我記得當時的我完全無法理解，情況不該是這樣子的。

後來我才發現，他跟前女友復合了，他的前女友也打長曲棍球。你會以為故事就這樣結束，但其實不然——我加入我們學校的長曲棍球隊，只是為了某一天能夠在球場上跟她對決。我還跟某個我根本不熟的女生交朋友，只是因為她是他妹妹的保母。

我想方設法，只求能夠更接近他，他成功躲了我一整年。所以，你想說什麼安慰我都行，但我們都知道事情的真相為何。**他被公主嚇壞了。**

我把自己的暱稱改成公主，還有什麼事比這樣更容易嚇跑交往對象？喔，你還可以學我，在第一次約會時就問對方說：「你覺得我們兩個的婚禮上要有什麼樣的婚禮蛋糕？」喔喔，很糟糕我知道，因為莫名的原因，我過去一直很著迷於這個問題，而且我也以為問這個問題，可以讓我更早看清他們是不是有結婚的打算……。

喔，這個也很好笑，我記得有一次問一位剛跟我約會沒幾次的男性說，我們未來的孩子要信基督教、猶太教，還是二者皆可。

我覺得我們未來的小孩一定很可愛。

這又是另一個我很喜歡但一樣太早提到的事：

除了不要在現實生活中把他嚇壞，也要記得不要在網路或社群媒體上把他嚇跑。**在交往初期密切觀察他的社群媒體很重要，但你也要謹記，一定要冷靜以對。**不要讓他發現你知道他表弟去年九月在西班牙結婚了。

你也可能會因此發現一些你其實不想知道的事。在我二十幾歲的某個春季夜晚，跟我室友愛莉森決定要去一間時髦夜店，我們跟一桌慶祝某人畢業的男人調情嘻鬧。我只把注意力擺在當晚的男主角身上，我們兩人整晚熱舞、親熱，你也懂那個流程吧。記得隔天早上起床，還給愛莉森看他在夜店外買給我的一朵玫瑰花。我說我戀愛了，她說：「趕快來搜搜他是誰！」

結果在臉書上找到查爾斯・查靈頓四世，得知他就讀於肯辛頓中學。「我從沒聽說過那所大學，聽起來怪怪的，或許在倫敦？」也很快就發現，我們昨晚參加的不是他的研究所或大學畢業派對，而是高中畢業派對。肯辛頓是紐約市的一所高中，**我整晚親熱的對象是一位看起來很早熟的十七歲高中生。**

另一次特別不對勁的跟踪是在一位朋友發現了一張很有犯罪嫌疑的照片後發生的，主角是邁爾斯，是我大學畢業後某個夏天回家時看到的。在照片中，邁爾斯和另一個女孩依偎在一起，他們都穿著密西根大學的球衣，標題是「等不及明年了！」我十分生氣，一怒之下，去了他的公寓，他的室友雖讓我進去，但說邁爾斯不在家。我跑到樓上他的房間，打開了他放我們要用的潤滑油的抽屜。一整瓶未開封的，太好了！我扯下帽子，開始失去理智地噴了整個房間、他的床單、窗簾，所有東西都濕透了。然後將我送他的、裝有我們合照的相框砸在地上，到處都是玻璃碎片。我走下樓，向他咯咯笑的室友道謝，然後離開。幾個小時後，我發現邁爾斯原來有一位年輕漂亮的表妹，她今

線上跟蹤的優缺點

優點	缺點
找到他的前女友	她很可愛
找到他的兄弟	跟他睡過
找到他住哪裡	喝醉酒就會不小心跑去他家
找到他狗狗的照片	發現你比較喜歡他的狗

年秋天要去密西根大學讀書。

　　另外，最重要的一件事是不要去看他前女友的主頁，好啦，我也知道你辦不到，但要謹慎一點，好嗎？記得穿上你的隱身斗篷，也不要看她的IG限時動態，不要留下任何足跡。

隱身跟蹤術！

噗嚕嚕嗶嗶

我自己
就有一個
跟蹤用帳戶。

帳戶名叫
蒂芬妮，
就讀佛羅里達
州立大學。

也要注意叫你的朋友小心謹慎。

如果有學校可以教導我們這些事該有多好？

在進入調情階段以後……

做自己。不要假裝你很喜歡他最愛的樂團。不要假裝你很喜歡吃霜淇淋，明明你吃奶製品就容易放屁。各位，相信我，最後的結局會很慘。

當你自己啦，嗡嗡嗡

終有一天，你的謊言會讓你跌一大跤。在《獨領風騷》那部電影裡面，雪兒就以為比莉・哈樂黛是個男歌手。

還有，不要太早就有太明顯的表示。以前的我喜歡用藝術跟工藝來釣男人，那算是我的招牌招數。一個二十幾歲的女生送他們自己用繪圖紙跟白膠做成的卡片，他們一定覺得很可愛吧？有一年情人節，我跟一位非常有才華，也蠻有名氣的藝術家交往。我以前一直以為用真人尺寸的愛心圖來表現自己的創意一定會讓他覺得我們都是「藝術家」，命中註定要在一起。我一整晚都沒睡，忙著用熱熔膠黏亮片，還加了啦啦隊彩球跟花邊。我從雜誌和藝術書籍上剪下圖片，做一點拼貼藝術，我不想讓自己的作品看起來很像勞作，這可是個時尚的情人節。我傳簡訊給他，跟他說我為了這個特別的日子，為他準備了禮物，是以藝術家的身分要把禮物送給他這個藝術家。他沒回我。我花了那麼多功夫，可不能白費！

我拍了一隻短片，影片中的我拿著自己的傑作，對著鏡頭飛吻。我把影片傳給他，他還是沒回我。他的電話是不是壞了啊？

最後，實在不知該怎麼辦的我跑去他的公寓，他住在布魯克林的獨棟房屋，所以有個前門，我把禮物留在門口，按了門鈴，然後就跑掉了。

　　隔天，我收到他傳來的同情簡訊。「哈哈，很好」他友善地回應了我和我的情人節。我覺得他彷彿我小學四年級的美術老師，給了我一個悲傷的銀星星。然後，他就消失了！就像膠水乾掉的速度一樣……他就這麼不見了。

沒有人要選……我

無所不用
其極的黛比

安撫瘋狂的自己

好啦，假設你已經成功跟他出去約過幾次會，你也開始感覺自己好像真的有點熱戀的fu。**這是全世界獨一無二的感覺。**彩虹是用這些東西做的嗎？你會想要在街上跳躍，在桌上跳舞，告訴全世界你戀愛了，而且你一點都不在乎人人都知道！！！這種感覺有時候會讓你做出一些真的很神經的事。

我們要先確定不要自己破壞這段戀情，
好嗎？

高富帥的樣貌

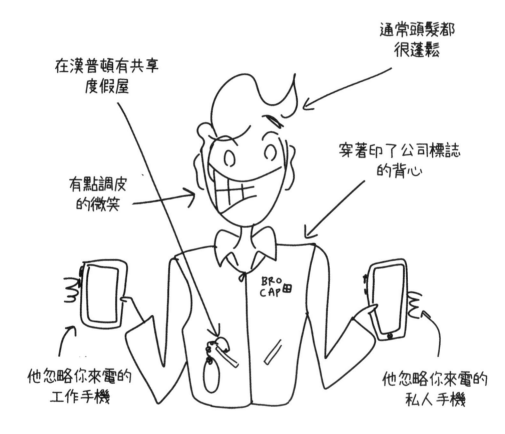

通常頭髮都
很蓬鬆

在漢普頓有共享
度假屋

穿著印了公司標誌
的背心

有點調皮
的微笑

BRO
CAP田

他忽略你來電的
工作手機

他忽略你來電的
私人手機

有一年夏天，我決定要跟一群朋友一起到漢普頓租度假屋，想著也許可以因為這樣遇到某個不錯的對象。那一年冬天，在紐約的我跟所謂的高富帥交往之後，一連串的挫折讓我的心情很失落。

　　容我介紹杰，他是一位身材高大、皮膚黝黑又英俊的男士，是朋友的朋友。我跟他是在七月四日的獨立紀念日派對上認識的，我們倆還在炫目的煙火下第一次接吻。他問我說為什麼還是單身，我超喜歡男人這樣問我，我回說：「我不知道啊，可能是因為我是個太喜歡談戀愛的神經病？怎樣，你要不要跟我談一次戀愛試試？」

　　杰跟我過去交往的對象很不同，他會分享他的感受，也會想跟我一起去做很多事！我們一起騎自行車、野餐、去博物館、一起去看獨立電影。他會打電話——真的打電話喔，我怎麼會找到這麼一個情感豐富的男人?!

　　接著我就知道為什麼了，到八月的時候，他決定要跟我坦誠九月要搬去洛杉磯。他宣稱，在我們初相遇時沒有跟我說，是因為他覺得我不會一直喜歡他。或許他對我們這段「感情」會這麼開放、這麼自由，讓關係不斷演進，就是因為這段感情最後會被迫結束，所以他很安全。

　　很好笑的是，他沒有預料到我會那麼瘋狂。他以為坦白告訴我以後就可以斷得一乾二淨。哈哈哈，他完全沒料到我會跑去找我老闆，要求他把我調到洛杉磯。我告訴自己，也告訴周遭所有人，我是為了「自己」（翻白眼）才這麼做的。

我絕對不要讓這種熱戀的感覺消失——我們倆可是天造地設的一對！我要跟著他，讓這段關係繼續。我們就像電影《火爆浪子》中的珊蒂與丹尼，前提是電影中的珊蒂故意跑去韋迪爾高中就讀，而且沒事先跟丹尼講。他要來跟我告別時，我跟他說：「你猜怎麼樣！我也要搬去洛杉磯耶！！！！！」

但杰一點都不開心，他的反應綜合了震驚、恐懼與有點不知該怎麼反應的樣子，說：「喔，那好，那我們很快就會再見面了。」

我搬到洛杉磯之後，
他帶我去看了一部不怎麼樣的電影，而且還是早場電影。
我們兩個就結束啦。

我希望你很享受這樣冒險瘋狂的情節[*]，我可沒有故意用雙關語喔！好啦，哇哈哈，我當然是故意的。

我們來看看我過去一些比較沒那麼瘋狂的蠢事。

　　在我高中的時候，開始跟喬丹交往（公主事件後），他很有創意、會彈吉他，也很有才藝。他的生日快到了，當時剛好流行Burberry格子花紋，所以我拿出所有在霍利斯特服飾店打工的錢，為他買了Burberry店內最有男人味的一件格紋馬球polo衫。

　　隔天早上，我在候車亭把禮物送給他，真的好驕傲自己這麼做，而且他很喜歡！當天要道別時，我問他說：「你明天會穿嗎？」他跟我保證一定會穿。如果你看到我當時的臉，我看起來好像電影《鬼靈精》，臉上掛著有點古怪且彷彿有什麼詭計的微笑。

---

* 譯註：也指搬家

隔天早上，我穿上我媽的Burberry 格子紋裙。

沒錯。
我們的衣著會很搭。
一定會很可愛。

我還沒到教室前，他傳簡訊跟我說，大家對我送他的Burberry上衣都印象深刻，我超興奮。

我走進學校的交誼廳，在房間另一頭看到他的身影。我走愈近，他的臉愈紅。

「你故意設計讓我們穿情侶裝?!」

大家哄堂大笑。所有的男生都開始嘲弄他，我試圖跟他說這是個巧合，但我們都知道事實並非如此，Burberry情侶裝的故事就這麼流傳下來，到現在，我高中時期的朋友還會拿出來當笑話說。但很難過的是，喬丹跟我的戀愛故事在Burberry事件後沒多久就結束了。

佳節愉快 ♡ 我門

硬要對方穿上搭配的情侶裝跟設法在路上假裝碰巧相遇一樣糟。

啊！那可是過去的我最愛做的休閒活動呢！

可不可以跟我一起去這間酒吧，我覺得他一定就在那間酒吧。如果他不在那裡，那就陪我去另一間他可能會去的酒吧？

出門的打扮

很經典吧！我好同情當時被我硬拉著到處跑的朋友。重點來了！如果對方想見你，他一定會想方設法地要見到你，不要自己跑去各家酒吧找他。

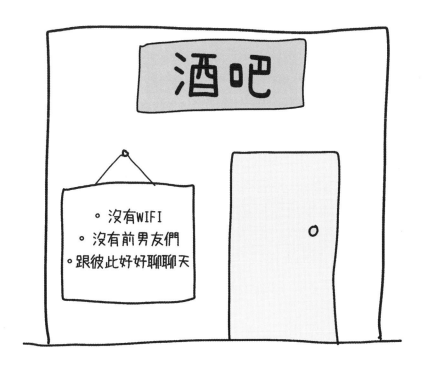

我沒辦法跟你說，過去的我浪費了多少個夜晚，只為了尋找某個人，而沒有好好地享受生活。紐約下城區有一間很有名的酒吧名為「快樂結局」，我都會在晚上十一點跟凌晨兩點時前往，只為了要看看當時交往的對象會不會剛好在這兩個時段來到這家酒吧。如果我喝完一輪，他還是沒出現，我就會立刻離開，往下一家酒吧走。如果整晚都沒有碰到我當時喜歡的對象，對我來說，那個晚上就毀了。**當時的我，執念真的很深。**

　　另外，不要「剛好」出現在你明知他常常會去的地方，例如他家。對很多人來說，這都是不言自明的事，但我卻發現在我生命中的某個時期，一直覺得這麼做沒什麼問題。我曾經出現在某個對象的家門口，只為了送咖啡給他，但他卻被我嚇了一大跳，我本來以為他會覺得我好貼心⋯⋯。

我曾經非常執著地想要跟歐曼在一起，我跟他是在一個節慶派對上認識的，他在那個派對上並沒有跟我要電話號碼，儘管我給了他很多機會。但我並沒有因為這樣就放棄，在談話中，他提到他在一家大型廣告公司工作，我找了一下地點，發現這家公司距我的公寓僅十個街區之遙！每天下午六點左右（大約持續了幾個月的時間）我會走過十個路口，然後慢……慢……地經過他的辦公室，希望在回家的路上遇到他，順便說一下，其實這招一點都沒用。

不要明知會失敗，還硬要讓自己失望。

不要像小狗一樣。

　　我的意思是不要讓他隨時都找得到人。我有一次搭飛機從紐約飛到底特律，準備回老家。上機前，當時交往的對象——一個年紀比我大一倍的男人才剛跟我說他沒有打算要談戀愛。而我會跟這個老男人交往，唯一的理由是我以為他會想定下來，你知道嘛，就是我以為他的年齡那麼大，應該也會比較成熟。顯然在紐約不是這樣，我想他們叫這個情況為彼得潘症候群。

這個情況讓我很傷心，所以我決定要回家一趟，療療傷。才剛剛搭上巴士，舒服地坐在中間的座位，電話就響了，是那個老男人。他傳來一封簡訊說：「今晚要去弗萊迪餐廳吃烤肉，要不要來？」唉，嘆氣，當時的我居然認為這樣就很足夠了！要一起到弗萊迪餐廳吃烤肉，太好了！

　　我沒搭上飛機，地勤人員跟我說如果要立刻離開，那會沒辦法將托運行李拿回來。我根本不在乎我的行李飛往底特律，但我卻沒上飛機（當然，這段「關係」最後無疾而終）。

給你們個友善提醒：

不要一直查看社群媒體，搞到自己瘋掉。

不要一直計算每封簡訊之間差了幾分鐘，或分析對方的回應。

好啦，我現在還是會這樣，但我只是要警告你，

這樣的方式只會讓你失去理智，讓你不斷地胡思亂想。

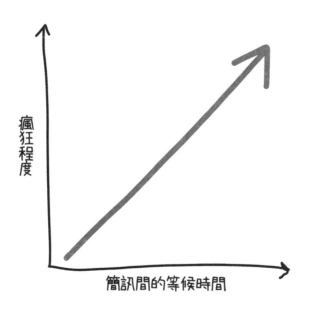

為自己設下一些界線。

我允許自己每周主動發一封簡訊給對方。

如果你已經傳了訊息，

尤其是用IG，

不要一直查看對方是不是已讀。

保持平常心，對方如果真的回訊息給你，你就會因為沒有預期而感到很開心。或者，如果對方幾天內都沒有回訊息，就把自己傳給對方的訊息刪掉。我很喜歡這麼做，這麼一來，你就永遠都不知道怎麼回事。或許他們的電話被偷了，或許對方被鯊魚吃掉了。

無知是一種幸福。

他六分鐘前幫他弟弟付了拉麵的錢。

千萬不要，
我再重覆一次，
千萬不要
受酒精影響。

我覺得自己在發展一段男女「關係」（我為什麼要一直用這個詞？）時，有99.9%的錯誤都是因為我喝了酒，而且通常都是在交往初期。

酒精飲料有點像吐真劑。

而且也有點像噴氣燃料。

酒精飲料也有點像藥物苯海拉明*？我有一次在跟某人約會時睡著了（好啦，我喝到爛醉如泥啦！）。他跟我說，當時我宣稱自己只是要小瞇一下，二十分鐘後再把我叫醒，我就可以繼續狂歡。

馬上回來

---

* 譯註：主要用於治療過敏，具有鎮靜劑作用，被部分用於助眠或抗焦慮。

我也曾經在喝醉酒後，傳訊息給住在洛杉磯的模特兒戴米恩，我們是在交友app上認識的。我跟戴米恩說隔天晚上會到洛杉磯「出差」，很想見他，但我根本就沒有要出差，我的工作從來就不需要出差。喝醉的我買了一張廉價航空的機票，更糟的是，我隔天還真的搭上飛機，想著這是一趟冒險。**世事難料，他說不定會是我未來的老公啊！** 我記得我打包了一卡可以過夜的行李箱，愛莉森（她早已習慣了我的滑稽動作）問我要去哪裡，我說洛杉磯，但如果她想出門，我明天就回來。我在傳訊息給他之後的二十四小時之內來到洛杉磯，還要他到某個辦公大樓前接我，假裝自己真的有在那棟大樓裡面開會。

為了對抗被酒精影響的另一個自我，
我很愛用一招。

不過，

我想我一直都沒有遵守自己訂下的規則。

他們消失的
時候

面對殘酷的現實

對方的訊息愈來愈少，回應愈來愈短。我自己從來沒有成功地注意到對方正在慢慢淡出——我還真的很想看看有誰成功過。

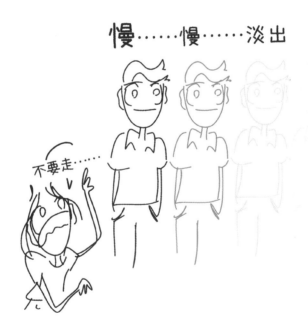

又是在紐約的另一個夏天，
我遇到自己的真命天子。

（對啦，我又以為是真命天子。）

他叫布萊頓，長春藤大學的畢業生，高階金融業，有著一頭捲髮，很會跳舞。他讓我覺得自己很特別，他認為我很迷人、很可愛、很古怪，我總逗他大笑，我們都很享受這戀愛的感覺。我很快就進入他的世界，他的朋友也變成我的朋友，他們都很時髦，且充滿都會精英的風采。布萊頓絕對不是平凡無奇的都會金融界人士，這是我從未預期的情景，讓我深深著迷。他身邊的每個人不是要創立某個很厲害的公司，不然就是當模特兒、藝術家、作家或是半個紐約權貴人士，而他居然願意讓我這個來自美國中西部的無名小卒加入。

他都會在星期五來接我，再一起到漢普頓度假。我們會參加很時尚的派對，在星空下整晚跳舞——我很快就習慣這樣的生活方式跟他的朋友。我忘了自己是誰，也不再問自己的朋友都在做些什麼，因為我知道所有的空閒時間都會跟布萊頓在一起。

某個周末，我發現情況有點變化。他還是在星期五來接我，但車上卻有另外兩名女孩。其中一位在巴黎某間很知名的學校念書，另一位的家族好像是從五月花號下來還是有什麼很顯赫背景的，他們連名牌行李箱都很搭，而且不管是他們穿的比基尼泳裝、還是使用的美容護膚產品，都很奢華、無違和感。當時的我

呢，則是帶著有點土的圓筒形旅行包，還有從藥妝店買的古銅粉。

　　我記得，那時候我完全無法加入他們的對話，他們聊著他們共同的好友，我則是愈來愈不知道該說些什麼，他們聊到在歐洲度假，我則只能分享曾經到過加拿大的蒙特婁那趟很宜人的旅程（那是我當時唯一一次的出國經驗）。整個周末，我都覺得自己是個格格不入的電燈泡，也不再是閃耀的新女友，我愚蠢的活力在他們眼中不再有趣可愛。忽然間，我在他們眼中只剩孩子氣，布萊頓開始拿我開玩笑。派對進行的過程中，我常常會發現自己獨自一人在某個角落，而其他人都聚集到另一頭開心大笑。

　　那一晚，在我們離開前，我問布萊頓：「布萊頓，我是你的女友嗎？」順帶一提，**如果你必須提出這樣的問題，你其實已經知道答案。**

　　他先是取笑我，然後聳聳肩說：「我們玩得很開心呀！」

　　明明知道已經結束，但你還是堅持不放棄，你知道那是什麼樣的感覺嗎？你會試著把胸口痛到不行的愚蠢感受壓下去，當作好像什麼都沒發生過。

那一周，我們回到紐約後，就再也沒聽到他的消息。我開始不斷傳訊息給他，規劃我們接下來要一起去做什麼，他的回覆愈來愈短，愈來愈平淡，而且都要等好幾個小時才回。

　　在我生日那天，他確實安排好要請我吃飯，可能是因為內疚。我永遠不會忘記那晚，我對我們的關係還是抱有希望。我買了一件新的粉紅色連身裙，有點短的連身裙（好啦，非常、非常短）但，嘿！有何不可，這是屬於我的一天，我覺得輕飄飄的！我們去的餐館叫「市場」，位於熨斗區的某處，當到達預定地點時，遇到了一對他認識的夫婦，他們就像是《權威預科生手冊》（The Official Preppy Handbook）裡描述的人，穿著搭配了珍珠和格紋披肩。他們先相互擁抱了一下，還一起聊了幾分鐘但感覺卻有幾小時那麼久，我一直像個傻瓜一樣站在他身後，沒有替我介紹、沒有提到我，什麼都沒有。

　　我覺得自己太蠢了，就走了，一個人坐了下來。當他終於過來和我共進晚餐時，我問他為什麼不介紹我，他告訴我說因為我看起來很可笑，**他覺得很難堪。**

　　而且你猜怎麼著？他說因為漢普頓度假屋沒空房，下個周末沒辦法帶我去，真是抱歉！

後來，我在網路上看到照片，發現前一個周末那兩個女孩都有收到邀請，這讓我完全失去理智。我到底做錯什麼？我太年輕嗎？我不夠認真嗎？我沒受過什麼高等教育嗎？還是遊歷經驗不夠豐富？還是他跟我在一起，純粹只是想玩玩，不打算真的談感情？我是不是不夠好，所以不夠格跟他發展真正的男女關係？

這又是另一個「千萬不要做」的事。

千萬不要因為任何人，而認為自己不夠格。

不管你幾歲、來自哪裡、念哪所學校或去過多少國家，

如果他們不懂得欣賞你，操死他。

喔，不對！是千萬不要跟他上床。

再隔一周，以及在接下來的幾周，我幾乎沒有他的音訊，他的訊息愈來愈少，到後面幾乎是零。某一天，他跟我湊巧都來到我們都很喜歡的一家夜店，他介紹他的新女友給我認識，是一位年紀比較大且繼承了大把財產的成熟英國女性。當然，他只說了她的名字，其他都是我自己調查出來的。他們那一年就結婚了，我還曾經在地鐵上碰到他們的孩子，我當然知道他的小孩長什麼樣子，**因為我很會跟蹤啊！**

交往好幾個月的傢伙拒絕跟你談感情,
卻在跟你分手後立刻地
跟另一個人正經地談感情。

媽咪,那個
可怕的
阿姨是誰?

喔,甜心,
她只是被
爸爸甩掉的
某個女生。

我一直都沒有真正克服布萊頓給我的情傷——到現在還是沒有，我想這就是對方慢慢淡出會有的後遺症。對方離開你，但卻沒有真的分手，沒有真的結束。這些慢慢淡出的人會讓你以為你們還有一絲機會，所以或許某一天會復合，你會一直想著為什麼。

　　不要讓他們慢慢淡出，不要配合他們，不要一直想著他們會改變心意，**他們不會的，真的不會！**

在對方選擇慢慢淡出的階段，另一個「千萬別做」的事就是**「千萬不要等他」**。我過去曾經跟一個身材高大健壯，但沉默寡言的男生「約會」過。他叫麥克斯，他的大腿比我的腰還寬，是個職業運動員，我們就姑且說是美式足球運動員吧。他在賽事期間要守規矩，但不用比賽時就會盡情狂歡。我很丟臉地隨傳隨到，而且為了想見到他，我連上床睡覺前都會先化好妝，睡覺時還不敢翻身，怕會弄壞我的妝，床單底下的我還會穿好可以外出的衣服，不管周間還是周末都是如此。有幾個晚上，我甚至是凌晨一點離開我家去跟他碰面。**我一直默默希望他喝醉酒，發現他很想我**，希望他在喝醉酒的情況下傳訊息給我。我會把自己的手機通知音樂開到最大聲，只～～～～因為我很怕自己不小心睡著沒聽到。喔，當然我的手機還會同時震動──這樣我就絕對不會錯失任何機會。

不要聽他們的藉口。

這是他們最常說的一句話：

嗯哼……

我曾經在咖啡館外面遇到某個男生，他用很少很少的資訊——我的名字跟我念過的大學——就找到我的臉書，並且傳簡訊到我的手機給我。我的意思是，如果他們真的有心，就會想到辦法。

所以，如果你喜歡的人連午餐時間都沒辦法跟你講電話，
快逃吧！

或許他們不會慢慢淡出，或許他們會忽然間就不再傳訊息給你。你可以天真地叫這種現象為「神隱」，不過我朋友跟我有另一個說法，而這就要從我的跨年夜故事談起。

　　我在麥迪遜大道的雷夫・羅倫（Ralph Lauren）服飾店內工作時，有個人來跟我搭訕（當時的我正在幫櫥窗內的人形模特兒穿衣服，整理櫥窗擺設），他叫做西恩。他問我說，他要去參加跨年夜的派對，不知道該挑哪件襯衫才好，我覺得他很迷人，幫他挑選衣服的**過程中還互開玩笑，聊得很開心。**他接著就問我有沒有空，方不方便當他的女伴。**哇！**我一直都幻想我工作時會不會發生這樣的事呢！

我不是要吹牛，
但我真的
很擅長
詼諧的
文字玩笑

我們共度了美得像夢的跨年夜，參加一個要著正裝的派對，啜飲香檳，跨年時還有五彩碎紙，就像電影一樣。在新年之後的那一周，我們兩個剛好都有兩天休假，所以他邀我跟他一起到紐澤西州他祖父母的小木屋，我和祖父母相見歡，他們親切又很風趣。因為冬季正冷，我們整個周末大部分的時間都在玩桌遊、飲用熱威士忌，四個人待在壁爐旁。你可以想像那個畫面嗎？在我們上路回到紐約前，祖父把我拉到一旁，小聲地跟我說：「你是我們目前見過最喜歡的女孩。」他還親了我的臉頰，我的心幾乎要爆炸，這彷彿佳節電影的情節，不是嗎？當一回到紐約，我就訂花送過去給祖母以表達我的感激，試圖要再讓他們對我有更好的印象。我還傳了一封有點開玩笑的訊息給他，問我送的花有沒有幫我加分，祖母有沒有收到花？

沒回應。

我當晚回到家，室友愛莉森也在家，我們的共同朋友麥特到家裡來，三個人就一起回顧整個周末所有發生的細節跟對話，像往常一樣，他們試圖想找出我是不是有什麼地方做錯。我一直不斷強調我可是祖父的最愛，祖父撫摸了我的額頭，給我他的祝福！這件事很重要，不是嗎?!麥特的結論是對方沒有神隱，我只是被「丟到腦後」了。這代表他真的很喜歡我，但只維持一秒，接著他就想，啊，不重要啦！我們還創作了一首歌來唱「丟到腦後」，搭配甩手的動作。從那一刻起，我們三人每次遭到交往對象「神隱」以待，就會用這首歌來提振精神。所以，不要因為對方神隱，你就大吃冰淇淋，沉浸在低落情緒中，請你大笑，聳聳肩，說「喔」，再大唱「丟到腦後！」

　　我到現在還是不知道，祖母到底有沒有收到我送的花。

最後一個「千萬不要」：
不要一直怪自己。

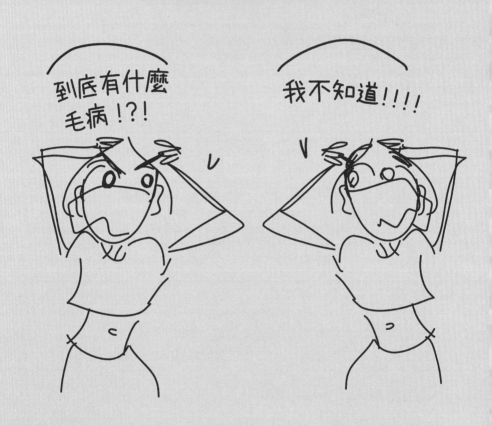

我讀大學的時候迷上路易斯，他有很銳利又美麗的藍眼眸，膚色是完美的古銅色。他的穿著就像我幻想中住在巴黎或米蘭等時尚之都的人會穿的衣著，而且騎摩托車是他的休閒活動之一。你有看過《莉琪的異想世界》中那個年輕男孩保羅嗎？路易斯就像保羅長大之後的樣子。我帶他去參加姊妹會的約會派對，兩人手牽手在校園中漫步，度過美妙無比的長夜。但問題來了，我們兩個只有手牽手，偶爾會稍微親熱一下，僅此而已。我開始懷疑自己到底是有什麼毛病，**為什麼他不想跟我上床？**我開始懷疑自己的一切。我不夠性感？我的個性不好？還是我身上有臭味？更可怕的問題是……我是不是不太會接吻？我常常會擔心過早的親熱會毀了一些東西，但現在我驚訝的是我們根本連邊都沒沾到。很多冬天的正式社交活動來了，路易斯卻無法成為我的約會對象，因為他的臂彎不再專屬於我。珍妮是他們家的世交，年輕貌美。他經常對我說不用擔心，因為她「像他姐姐一樣」。珍妮有著嬌嫩的膚質，嬌小、黑髮，常咯咯地笑著，而且胸部很大。他們在一起看起來很棒，老實說，我沒法和她競爭，他們就是天造地設的一對，不是像我們這種「不太登對」的關係。他開始和我保持距離，只有一大群人時才會玩在一起，我做了什麼？她有什麼我沒有的？我們畢業後就失去了聯絡，這段感情給了我很大的打擊。

幾年後，他搬回紐約，還留著我的電話號碼，所以打給我，我們相約吃晚餐，我還見到了他男友，原來路易斯是同性戀，現在則是我最好的朋友。我們會一起回想大學時期的古銅膚色、畫到有點太誇張的眉毛，還有我倆一點都不自在的親熱畫面，再一起大笑。我們猶如現代版的《威爾與格蕾絲》（但他始終沒有解釋他為什麼離開我去找珍妮）。

好啦，所以儘管我很努力要誠實以對，又宣稱自己已經走過來，但其實大部分的時候，我還是這個樣子。

當然有，至少每天一次。即使是現在，我還是會。**我想，等我九十五歲，已經到了第三任老公，我還是會想著我大學時期交過的前男友**，我覺得這很正常。有人認為在你真的有一段穩定的男女關係、結婚或生子後，你的過去就會一筆勾銷，我覺得這樣的想法根本是狗屎。誰規定現在的你不能對過去發生的事仍有感覺？因為有過去的種種，才會有現在的你；因為有過去的種種，你才會找到現在的這個伴。過去有很豐富的情史並沒有什麼錯，現在要有很精采的戀愛生活也沒什麼不好。我寫這本書的時候，一直想著，書中的這些男主角未來會不會知道有這本書。他們會不會拿起來看？會不會跟我聯絡？他們會不會在乎？對他們來說，我只是個小插曲，或者，他們會很驚訝地發現原來我們在一起的三周或三個月對我有這麼大的影響？

殘酷的真相

到頭來，很現實的是，
其實他們可能沒想過你。

如果對方不想跟
這麼美好的你在一起，為什麼
還會想要繼續跟他在一起？

所以，
請去找一個正在想著你的人吧。

單程票

不要走回頭路！

千萬不要

假設，你今天去了一家餐廳，餐廳的料理糟到不行，員工服務爛到爆，你還會再去這家餐廳用餐嗎？當然不會啊！好，那為什麼你的男友明明把你當成垃圾在對待，你卻還想回到他身邊？為！什！麼？？？

　　我曾有個男友，跟我斷斷續續交往了七年，各位，我沒有在開玩笑，聽起來很瘋狂，但我沒有撒謊。我們每一次在一起，他都會提到未來的某件事，讓我一直沉浸在幸福的幻想中。「未來有一天，等我們白髮蒼蒼，哈哈哈……」當時的我會想，天啊，他覺得我們未來一定會在一起。就這樣，他讓我一直懷抱著一絲希望，想著未來的某一天……「某一天」。

我們就來談談
這個浪費我近七年半青春的男人吧。

我先說，這個故事會破壞我的形象，所以我其實不太想分享，因為聽起來就很不應該。但我想，我們每個人都幹過蠢事——或至少考慮過要幹蠢事——只是我們都不太想承認。

他叫里奧，是布萊頓的好友，對啦，我吃窩邊草。他長得很帥，身材瘦長，有點像很有品味的小丑，是個冷面笑匠，很喜歡參加派對，他讓我覺得能做自己很棒。因此，在布萊頓慢慢淡出後，某個晚上我在里奧的臂彎中找到安慰。我想當時的我仍然無法相信自己會跟布萊頓的朋友在一起，但里奧很帥、很有趣，又很……。

當時，我們在酒吧碰面。他為布萊頓沒有好好對待我感到很抱歉，**他認為我值得更好的對待**。於是我們開始喝酒，將布萊頓拋在腦後，決定嗨翻今晚。在龍舌蘭配熱舞一整晚到凌晨一點後，他跟我來到我家，告訴我，在我跟布萊頓交往期間，他才是那個真正在乎我的人。他對我有感覺，也很不喜歡看著布萊頓視我為無物。我們沒有上床，不過真的只差了一點。

隔天他一醒來就很氣自己，覺得背叛了布萊頓，我則是五味雜陳。我為什麼會這麼做？我真的已經沉淪到自己最鄙視的這種程度嗎？我居然會為了報復前男友，而故意找他的好友交往嗎？可是不對啊，里奧真的如他所說一直在旁默默愛著我嗎？最後，里奧說他覺得太有罪惡感，一定得跟布萊頓坦誠，我求他不要這麼做，還用e-mail寫了一大堆千萬不可以的理由給他。

但里奧還是說了，所以他們的友誼中斷了一段時間，布萊頓要里奧之後都不可以再跟我見面，即使在他們兩人的友誼修復後，禁令仍然持續。

你們也知道伊甸園的禁果發生什麼事。

我們兩個因為禁令反而更想念彼此，我們會祕密碰面，有時在深夜，有時周末一起出門，他會用一張到拉斯維加斯的票或一些很平凡無奇的小東西給我驚喜。我們每次見面，他都會跟我說他有多麼在乎我。我也會一直問他到底什麼時候才能停止密會，真的公開在一起？布萊頓都已經結婚了，他有什麼好在乎的？

但他總是會有藉口，解釋我們為什麼還不能「真的在一起」，而且永遠都會說下次。他會跟我說，我們兩個的關係很「特別」，跟他過去交往過的女生很不同，我也真的相信他。

我無法擺脫想見他的念頭，我會想著下次要傳什麼簡訊給他，我會說我需要一點工作上的建議，或請他幫忙修理我的冷氣機。有一次我還故意訂了IKEA的傢俱，只為了能叫他來幫我組裝。

只要有任何藉口可以見他，都好。

　　性愛是瘋狂的，我真的離不開它，如果里奧不理我，我再靠自己。尤其是在外面喝酒的時候，我不會只發兩次簡訊給他，我會發大量的簡訊給他。如果他不回覆，我就會直接打給他，有時候他若不接電話，我會徑自出現在他的門口。你知道的，隨性。

有時候，我們整晚都待在他的住處，窩在沙發上吃外賣。我們對彼此的一切都瞭若指掌，只要減去約會、浪漫和承諾，這樣的相處方式很像我認知中的情侶關係。嗯，回頭看也許這應該是個線索？每次我提到我們要採取下一步行動時，他都不太理我，只會說：「為什麼要毀掉我們現在的一切」或者「拜託，你知道事情不是這樣的。」

不是這樣嗎？那我們為什麼要一直跟對方碰面？為什麼我們要一直跟對方做愛？為什麼他要一直說我很特別，跟其他人都不一樣？他為什麼含糊其辭地提到未來？我知道我一切都怪他，因為我絕對是同謀。我一直在退縮，也不接受他的回答。但也許這就是原因，這是個難題。在做愛時，里奧告訴我他愛我；在很多場合，他用了我愛你這個詞，我會把它作為關心我的證據，他會簡單地把它歸因於當時的激情和一時的澎湃。你能想像第一次聽到「我愛你」（反覆提醒你），然後又被收回，這三個字一下子就變得毫無意義嗎？這已經構成醉醺醺地出現在別人家門口足夠理由。一天說「不是那樣的」，隔天晚上卻又說**「我愛你」**。

我寫了e-mail跟他說我的規劃：如果到四月十五日，我們對彼此的感覺仍然不變，那我們可以在Y點鐘到X餐廳碰面並真的正式成為情侶。有點像《慾望城市》電影版中在布魯克林大橋上再給彼此一次機會的米蘭達及史蒂夫，我敢打賭，這些可悲的計劃還躺在我的Gmail寄件備份裡面。

這些日期跟最後通牒就這麼來了又走。我已經無法計算,我到底跟他說了幾次我再也不想見他。

我只是不斷地安慰我自己，

說我們這麼多年來會一直不斷地見面，一定有原因。

更糟糕的是，我跟他的關係總是會讓我分心，讓我無法全心注意真的對我感興趣的人。我可能已經在跟某個人交往，終於把里奧拋在腦後，但接著，他的簡訊就來了，我又會等不及要見他。然後我的腦中又會開始「也許這次結局會不同」的循環，我會重燃希望，把正要交往的新對象甩掉。

真的對你
有心

一直給你
虛幻的
希望，
浪費你的
青春

在經過多年的炮友生活和混亂後的一個晚上，喝醉酒的我為了找到真相，傳訊息給他：「我只需要你告訴我，我們兩個永遠都不會在一起。」而他也沒有遲疑地回覆：「我們兩個永遠都不會像情侶一樣在一起。」我把這個訊息截圖，當成手機桌面好一陣子，我有病吧？

有時候你就是得把很困難的問題問出口。

你不想問這些問題，因為你早就已經知道答案。
而你不想真的聽到對方說出口。

很難置信地是我花了七年的時光，才真的直接問里奧我們是否會成為情侶。鼓起勇氣，直接問吧，你可能會得到直接的答案。

現在里奧跟我偶爾還會傳個訊息給對方，我們設法以某種方式保持朋友關係。我們可以談論過去，他經常開玩笑地問我的畫有沒有受到他的啟發（很多都有）。他支持我的創作，為我感到高興。我想我心中有個角落大概永遠都會懷疑，他真的在乎過我的感受嗎？或者，現在的他是否還在乎我，對他來說，我是否真的曾經是特別的那個人？

但事實是，如果他真的想和我在一起，他本可以，也一定會，但他沒有。別像我那樣說服自己，別為他們找藉口。不要抱著希望執著於幾句話或一個小小的手勢。否則你將永遠只能等待。我想每位讀者的生命中可能都有個里奧。

他喜歡過我的證據

好啦！ 不要這麼沉重，
我們來換個氣氛如何？

不要回頭找那個不斷傷害你的人，
選擇吃披薩吧，披薩安全多了。

既然他不值得，就不要再為他付出，不要再獻出你的身體。甚至可以送他一首好笑的詩，寫詩送人是我最喜歡做的一件事。有一次，我在密西根大學一家名叫「記分板」的燒烤酒吧玩得很盡興，所以我寫下幾句詩送給我一直忘不掉的意中人（我試著從密西根大學的資料庫找出這封信，可惜找不到。對，我是用學校信箱寫的）。裡頭有好幾句還押韻，如果我沒記錯的話。我在裡面談到足球賽跟姊妹會的名字、便宜的啤酒跟乳酪抹醬。你儘管笑吧，最後一句好像是「永遠切不斷的連結，亞麗安娜跟比利，好友永結。」我以為只談好友會讓他回心轉意。

不要認為你回到他身邊以後，
不會再介意你們之間的曖昧不明。
你無法以平常心對待。
不要認為自己可以冷靜以對。

有一次，我試圖冷靜以對，冷到自己都快長凍瘡。

當時的我，跟亞歷士遠距離交往一段時間了。在交往的幾個月間，我們曾經飛到對方所在的城市——洛杉磯跟紐約——去找

彼此。我們說得很清楚不打算「定義」我們的關係，我也順著他的意思，因為說實在的，我還有什麼別的選擇？像個大人一樣說我不要那樣的關係嗎？唉，當時的我相信如果冷靜以對，某一天他就會真的想認真跟我交往。

我們決定要找個周末在邁阿密碰面。我買了仿曬劑，比平常更認真地健身，還全身除毛。抵達的時候，行李箱裡面裝滿我規劃了好幾周的衣物。他出現的時候，身邊是他最好的朋友，那個周末可謂糟糕至極，我們如果不是在飯店房間內睡覺或做愛，就是跟他的好友在一起。我真的試著冷靜以對，但我實在受不了了。到機場時，我還以為我們在機門前會有像電影情節一樣的道別場面，我也試著要有這樣的道別場面，我告訴他我很在乎他，我不想這種砲友式的關係。

我想要跟他在一起，我覺得我們其中一個人可以搬家，他告訴我，他覺得我們當朋友可能比較好。

我怒不可遏地問他，那他為什麼要規劃這趟旅行？
為什麼要把我拖到邁阿密？

他說，他只是想用這個周末，
來確定一下。

來確定他真的不想跟我在一起。

喔，很高興能讓他找到答案，我恨死那個答案了，他的話彷彿直刺我腹部的一把刀。我為什麼永遠都只能當那個可以玩玩的女孩？**為什麼男人看到我，不會想著要把我留在他身邊？**後來，他離開了。由於我的班機延遲，所以我到某個以航海為主題、名為「島嶼酒吧與烤肉」的機場餐廳，找了張桌子坐下，點了炸魚薯條加大哭一場。如果你真的辦不到，就不要假裝你可以「玩玩」就好。

　　喔，天啊，氣氛好像又太沉重了？好啦，為了讓你感覺好一點，我常常會搭同一班班機到邁阿密，再次拜訪那家（仍然位於D航廈的）島嶼餐廳，而且會在餐廳裡微笑。我還曾經在餐廳門口拍過照，或許我應該來規劃一個心碎觀光行程？

我之前說：「不要回到他身邊」，這也代表不要跟任何和他很熟的人交往。還記得布萊頓跟里奧的故事吧？這樣的作法對大家都沒好處。不要跟他的朋友交往，你沒辦法用這樣的方式引起他的注意——就算他注意到，也不會是好事。你可能會想「我要報復」，但其實只會讓情況更糟。

我知道就算你堅持立場，不再回到他身邊，你對他還是會有一點感情。你有那麼多的怒氣積在心中，還有那麼多話沒跟他說清楚講明白。這本書就證明了我有那麼多怒氣跟那麼多沒說的話。

但請聽專家建議——寫下來，把這些感受寫出來，釋放出來，你會覺得很舒服。不要再給那些渣男任何關注，他們不值得。還記得庫柏嗎？那個說要冥想的傢伙？很不幸的是，當時的我沒把自己的感受寫下來。我只是一直把怒氣壓在心中，直到某天凌晨三點，在雞尾酒吧「保羅的小寶貝」店內，我再也忍不住了。那時我去參加一個時尚周派對，酒吧裡面到處都是人，當時已經喝了好幾杯瑪格麗特的我，隔著吧台看到了庫柏，我的朋友莎瓦娜居然得用兩隻手臂抱住我，因為我對著庫柏大叫：「是你讓我愛上你的！！！！」我甚至我不確定我到底是什麼意思，不過顯然很多人都記得我一直不斷重覆同樣的句子。

更重要的是，如果你開始考慮要再回到他身邊，請記得我們一直跟自己說的最大謊言：

他不會的。
永遠不會。

男孩，再見

反正你也不是真的很喜歡他

好，有時候，我們會騙自己說很喜歡某個人，但其實我們只是真的很想有穩定的戀愛關係。如果退一步再想想，也許我們喜歡的只是這個人代表的意涵？

我曾經為一個王子
神魂顛倒。

沒錯，他是來自……姑且說吉諾維亞的強納森王子，以保護他的隱私。他是真的王子，住在紐約，不過是住在某個高級飯店啦！很顯然，我很快也會變成真正的王妃。從~公主pRiNcEsS～升級到王妃，我也算是有大幅進展！

我是跟我爸媽在佛羅里達州度假時，遇到王子本人，他在南灘旁某個風景秀麗的水池邊要了我的電話號碼，說他回到紐約以後會打電話給我。我在網路上搜尋他的資料，嚇了一大跳，接著就很不安地等他來電，他還真的打電話來。強納森永遠一絲不苟，頭髮永遠不會亂掉，襯衫永遠平整無皺摺，他的公寓永遠一塵不染，因為，哈，他住在飯店裡啊。王子每晚都外出用餐，我都會跟他同行，牛排館、高級義大利餐廳——我是他的女伴，而我很喜歡這個身分。他好像認識紐約所有的大人物，我們一起去參加慈善活動、宴會、舞會，他還是許多私人俱樂部跟組織的會員。我到現在還會甜甜地回想，他第一次叫我吃烤蝸牛的情景，當時的我還皺了皺鼻子，「來，沾沾這個奶油，你會很喜歡的。」我還想著，*哇喔，我接下來的生活會不會都是像這樣？*

　　但有時候，我也會想像我跟他未來的生活會是什麼樣子，只不過不是美好的幻想。我們約會期間，從來沒有接吻過，從來沒有（不過我要講清楚，我們會上床）。我覺得自己很像在演《麻雀變鳳凰》，只是我演的是前半部。我知道你在想什麼：這怎麼可能？作者一定是在撒謊。我也希望自己是在撒謊，這樣我可能不會看起來那麼可悲。

剛開始，我也覺得他直接就親我的脖子或胸部，然後直接把我的衣服脫掉很奇怪，但後來我就習慣了。我們會胡鬧、親吻其他部位、做愛，但關係從來都不親密——我想這就是他的用意。**我從來不敢問他為什麼，因為我怕他會把我甩掉**。我打算犧牲自己可以跟另一半建立實質情感連結的機會，來換一個王室頭銜以及我認為應該行得通的「關係」。

我太渴望我們的感情可以維持，我想要強迫自己不要介意，但真的辦不到。幸好，某個晚上我喝到爛醉，在某個生日宴會上讓他大失顏面。我們這段戀情最後結束的畫面是我光著腳丫子，手上拿著讓我的腳痛到不行的高跟鞋，對著他大吼大叫，連話都講不清楚。我其實不太記得當初為何會吵架，但我很確定大概是因為我喝到爛醉，我真的爛醉如泥才敢吼出自己的所有感受──關於我們一點都不親密、我的困惑及希望我們的感情可以更進一步。到最後，我已經哭出來，還拿鞋子丟他，對王妃來說，可能不是很恰當的行為吧，我猜。

我們是不是太過在乎這個？

或建立像這樣的指南？

我們都有童話故事症候群，這讓我們從小就幻想著外頭會有一位完美先生。

有時候，直覺試圖要給我們一些線索，導致我們開始感到猶豫，明明就收到他的簡訊，你卻把電話放下來。你無法決定周三到底該不該跟他出去約會，而且跟他在一起的時候，開始在想你的朋友都在幹嘛。**當他把手臂放到你腰上，你甚至會感到厭惡。**

接著，我們又試圖要把交往的對象改變成我們真正喜歡的某個人，這就是很清楚的徵兆。

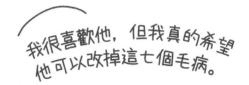

我之前交往的某個男人——喔，叫做亨利，我真的很努力要讓我的心為他燃燒。我們是透過我的表親介紹認識的，他來自南方，有美式足球隊員的健壯身材，會定時打電話跟媽媽聊天，但也會為了你在酒吧揍某個對你不禮貌的人。他很有抱負，三十不到就已經在一家全球媒體公司擔任副總裁，大家都喜歡和他待在

一起。他很有自信，但不會讓你覺得他用鼻孔看人。我真的覺得如果我跟他說我想結婚，他隔天就會帶我去結婚。他很喜歡我，我也很清楚，我承認，我一直利用他。

如果里奧或其他男人讓我失望，我就會打電話給亨利，而他就會來到我身邊。**他會帶我去約會，而且約會方式創意十足。但我凝視著他明亮動人的棕色眼眸，感到害怕。**我記得有一次，在跟他碰面前，我看著鏡中的倒影，問我自己：「你到底有什麼毛病？**他就明明很完美。喜歡上他啊！**」

你不完美，我也不完美。我們認識的這些人，即使表面上看來完美，其實也都不完美。

你需要的是找一個不完美的人，
但他的不完美跟你的不完美很搭。

你的心不會看履歷表，它只會感覺到，兩人的不完美搭得很完美。

談到不完美這件事，
我想先插個話題。

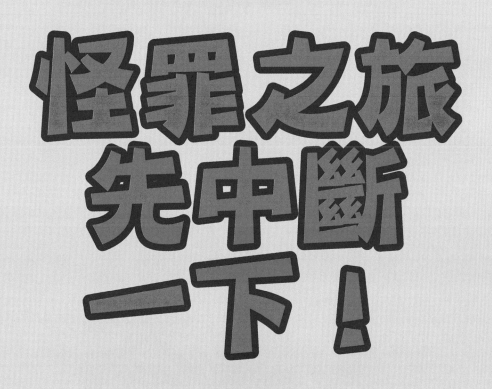

我一直在談我怎麼、怎麼受傷，但如果我誠實以對（而你也誠實面對），其實這一路走來，也錯待了好幾個人（像是亨利），所以我也應該要坦誠說出來。

曾經有個男人，給了所有我以為自己想要的一切，但我還是跑了。

記得那是十二月，耶誕節的前一周，我跟卡洛斯長距離約會已經差不多一個月了。他來自我的家鄉，在IG上創了第一個大受歡迎的幽默帳號之後，從紐約搬回底特律。他人很和善、很敏感，而且超級聰明，他的點子總是源源不斷。我們聊到想要一起統治世界，想要一起創作、旅行、在義大利生孩子、在法國鄉間買間房子，全都想要。我決定他就是我要的，這正是我這麼多年來追尋的一切。我要跟他一起搬回底特律，一起開始我們的新生活（你有注意到，我做出倉促決定時的固定模式嗎）？

　　我腦中滿是獨角獸跟彩虹，直到搬家日期臨近時，卡洛斯來幫我打包，我卻發現自己覺得他很煩。他會問我今天如何，我卻一點都不想回答。他把箱子搬到錯的位置，我就對他大叫。我不想抱他，也不想吻他，我一點都不興奮，只是很緊張跟害怕。他離開去搭機，我只覺得自己解脫了，我本來應該在兩天後，在耶誕夜跟他在底特律碰面的。

當時的我已經辭掉工作，公寓的租約到期，我躺在床墊上，等著我的班機。電話響了。在我空盪盪的灰色公寓中，我覺得好孤單，電話鈴聲好像持續了很久。接起來後，話筒那端是我爸爸，他充滿磁性的低沉嗓音在我耳邊顯得很大聲：「你知道的，亞麗安娜……你不一定要搬回來。」他怎麼會知道我的感受呢？我鬆了口氣。彷彿有人終於將我從自己硬加在自己感情上的牢籠解放出來。我本來已經要搬家、結婚、生子——大事底定，**因為我以為這就是我要的一切，但我還沒準備好。**

　　我哭出來：「爸，我不想搬回去。」

　　現在換他嘆了口氣，因為他知道他得幫我收拾善後。

　　「把電話掛掉，問問公司你還可不可以復職，其他的我們之後再看要怎麼處理！」

我在耶誕夜打電話給卡洛斯，不光只是要說我沒有要搬回去，也要跟他分手。耶誕節快樂。電話掛斷的那一刻，我吐了，覺得我真的是個很噁心的人。更過分的是——我之前一直沒有跟任何人說過這件事——我還在幾天後飛到墨西哥，跟里奧胡搞。

另一個「千萬別做」的事……
不要因為錯的理由喜歡上某個人。

　　你不會想讓《鑽石求千金》的克里斯‧哈里森失望，而且這麼做對他們或對你都不公平。我曾經犯過這個錯。當時我交往的對象是跟知名的流行歌手共事的某人。先聲明，我剛開始會迷上他的原因都很正常——他很聰明、很有藝術天分、很熱情，而且很和善，但後來他甩了我，再後來，他要求再跟我復合的時候，我的想法就……嗯嗯，或許……如果我可以先跟你一起去巡迴演出，我的心可以慢慢修復？

　　於是，我跟他巡迴到不同城市，也見到他周遭各個大牌人物，每個晚上，我都以「助理」的身分跟他到處跑。我拿了門票送我所有的朋友，再一起狂歡到凌晨。我一直試著要讓自己受傷的心再愛上他。我想，就順其自然。唉！但再多的後台通行證都沒辦法重燃我對他的熱情。從某個層面上來看，我想他可能也想用這些燈紅酒綠贏回我的心。我對不斷利用他的自己感到很失望，所以巡迴演出到一半，就跟他說我們還是分手吧。

我本人 28
「為了錯的原因來到這裡」

好啦，現在我們再回頭繼續怪別人吧。

哈哈哈，我開玩笑的啦！其實，重點不在於其他人，這些人反正從來就不是我們的。

所以坦誠面對。

因為我們也從來不是真的想要他們。

專注在自己身上，

你懂
我的意思
吧?

好，我最重要的「千萬別做」。

千萬不要花太多時間擔心你對另一個人來說算什麼。不要擔心他們會不會讚許，或他們對你的自我價值有何見解。這個觀點不光適用於談感情，還適用於一切。

我崇敬的演員——露波，就說過：

「如果你不愛自己，是要怎樣才能愛他人？」

把重點放在我們擁有的一切，不要想自己的缺點。你有很棒的工作嗎？嗜好？天賦？心電感應？**就好好善用，好好練習，好好發展。**

唉，你還很怨恨著某個人？或跟我一樣怨恨快一百個人？那就把這些怨恨的力量轉變成正向的力量！有些人會反駁我的觀點，但我覺得一點點的報復之心其實可以給你很大的動機。某個邪惡的同事老愛煩你？那就更勤奮工作，趕快升職，你就不用再管他。高中時霸凌你的人現在居然出現在《時尚》雜誌上？那就努力變成《時尚》雜誌的編輯，確保這樣的事不會再發生。前男友開了新餐廳，那就趕快去拜訪，重點不是去那裡吃飯，是去問那棟建築要多少錢才能買下來，為自己設定一些目標。

周一

- 飛輪課
- 跟瑞貝卡喝酒

周二

- 瑜珈
- 統治世界

＊不要忘囉

你會很驚訝地發現，當你開始為自己著迷，很快就會忘記自己的情傷。

喔，忽然間，
換我們跟他們說「我很忙」了！

我是一直到最近才開始領悟，
而我深深相信這是因為我開始「不好意思」愛我自己。

我的藝術讓我重獲活力。

　　它讓我有目標跟熱情，我不再想他什麼時候要傳訊息給我，反而花更多時間在想著下一個創作要畫什麼。當我開始沉浸在自己的塗鴉中，我的約會app居然真的幫我找到對象。我過去的錯誤不能完全怪罪這些app，是我自己的問題。

當我找到自己對生命的目標與熱情，
就遇到了一個被我吸引的人。
我不再試圖要用結婚禮服的束襪帶套住他，
我告訴他自己未來的方向，
如果他想跟我在一起，
那他最好跟上我的腳步。

我不想跟你們說教，或告訴你有什麼成功的祕訣。

我其實也沒有所有的答案。
（這一點應該顯而易見）

老實說，我肯定我會再搞砸的。哎呀，我敢說自從我寫了這本書之後，一些戲劇性及愚蠢的現象已經顯現出來。人際關係、婚姻、家庭，它們都面臨了新的挑戰，需要解決不同的問題。遇見一個人不會有完美的彩虹，愛是世界上最奇妙的感覺，但它充滿了複雜性，生活就是這樣。你在Instagram上看到的那對完美情侶？抱歉，那都是一時的。最後重要的是你對自己感到滿意，而不是只有在獲得他人認可的情況下才能對自己滿意。

但我希望你好好審視自己。你最近有好好檢視自己嗎？想想你最近跟其他人的互動。你有教什麼新東西給別人嗎？你有讓別人大笑嗎？你有讓別人覺得很有安全感嗎？你有沒有讓別人看到希望？有沒有挺身爭取某人的權益？你在工作上有沒有貢獻所長？或是你每一天是否能提供很寶貴的服務？如果你還沒辦到，那就想想你可以影響的所有人，想想你做的每件事都很重要。

想想你可以做些什麼。我覺得我們都被推著要不斷、不斷地工作。好像才沒多久，你就已經要退休了。你有沒有什麼畢生夢想，但卻一直找藉口不去實踐？我每次跟爸媽抱怨說自己太忙了，沒辦法開始真的很想做的計劃，他們總會跟我說，「找不出時間」是藉口。就像那個跟你說他「太忙」的傢伙一樣，太忙是

藉口。**如果你真的想要做什麼事，你就會找出時間來做**。就
這麼簡單。所以，請開始善待自己！不要再忽略你自己的訊息，
把約會的精力用來發揮你的天賦跟能力！啊，好有趣的想像。

網路是個令人驚喜的地方，前提是你理論上要先有能力可以跟其他人建立連結，那大家就可以幫忙你實現夢想。你可以私訊給碧昂絲，你可以為自己熱愛的仙人掌拍攝IG，或寫部落格分享自己怎麼烹調最愛的餐點、分享幫寵物理毛的訣竅、分享怎麼省錢旅行。或許你自己的興趣跟網路一點關係都沒有，那你可以成立讀書會、設計夢想中的時裝，這有沒有讓你活力滿滿？當你決心要過自己的生活，你就不會再擔心其他人的看法。

　　你有沒有學到什麼新技能？你有沒有什麼想法？我希望你們知道，有時候我真的很希望自己能回到過去，把自己抓起來搖一下，叫自己不要那麼容易被欺負。但我也為自己的錯誤感到驕傲。儘管我在枕頭上流下的淚水大概已經可以裝滿七十七杯大杯星冰樂，我還是很感恩。

因為這些錯誤讓我了解我「不」想要什麼。

還有，我真正想要什麼，
以及，我值得什麼樣的對待。

謝辭

感謝
我曾犯下的錯誤
承受的不安
狂歡時看到的日出
流下的淚水
負面想法
不安全感
讓我持續努力且更認真地工作

謝謝媽媽、爸爸、布萊爾與吉莉，
不管如何都愛我這個怪胎。

謝謝我的朋友——拉伊科及韋斯娜，
嘲笑我，也跟我一起開懷大笑。

謝謝梅根·湯姆森跟愛希莉·克倫，
開啟夢想。

謝謝唐娜·羅瑞多，
讓我的夢想成形。

謝謝「Vision LA模特兒經紀公司」的梅根、妮娜跟賈伯，
相信我的夢想。

在Instagram及廣大的可愛網友們的支持下，
我很榮幸能稱你為我的朋友，儘管我們從未見過面。

國家圖書館出版品預行編目資料

約會絕不能做的傻事清單：不只是約會失敗事件簿，更
是啟發自信、動力與愛的最佳約會攻略 / 亞麗安娜．馬
格利斯 (Arianna Margulis) 著；李姿瑩譯 .-- 初版 .-- 臺中
市：晨星，2020.12
面 ； 公分 .-- (勁草生活 ; 472)

譯自：But like maybe don't? : what not to do when dating

ISBN 978-986-5529-77-2 （平裝）

1. 戀愛 2. 兩性關係 3. 通俗作品

544.37   109015917

勁草生活 472

約會絕不能做的傻事清單

不只是約會失敗事件簿，更是啟發自信、動力與愛的最佳約會攻略

But like maybe don't ？ What Not to Do When Dating

作者	亞麗安娜・馬格利斯（Arianna Margulis）
譯者	李姿瑩
編輯	王韻絜
封面設計	戴佳琪
美術設計	陳柔含

創辦人	陳銘民
發行所	晨星出版有限公司
	台中市 407 工業區 30 路 1 號
	TEL：(04)23595820 FAX：(04)23550581
	行政院新聞局局版台業字第 2500 號
法律顧問	陳思成 律師
初版	西元 2020 年 12 月 1 日初版 1 刷

總經銷	知己圖書股份有限公司
	106 台北市大安區辛亥路一段 30 號 9 樓
	TEL：02-23672044 / 23672047 FAX：02-23635741
	407 台中市西屯區工業 30 路 1 號 1 樓
	TEL：04-23595819 FAX：04-23595493
	E-mail：service@morningstar.com.tw
	網路書店 http://www.morningstar.com.tw
讀者服務專線	04-23595819#230
郵政劃撥	15060393（知己圖書股份有限公司）
印刷	上好印刷股份有限公司

歡迎掃描 QR CODE
填線上回函

定價 330 元
ISBN 978-986-5529-77-2

This translation published by arrangement with Rodale Books,
an imprint of Random House, a division of Penguin Random House LLC
This edition arranged with Random House
through Andrew Nurnberg Associates International Limited.
All rights reserved
Printed in Taiwan